Création originale de Serge Bloch

18 rue Barbès, 92128 Montrouge Cedex

Dépôt légal : février 2022
ISBN : 979-1-0363-1970-9
Loi 49 956 du 16 juillet 1949 sur les publications destinées à la jeunesse.
Imprimé par GPS, Slovénie

MIXTE
Papier issu de sources responsables
FSC® C118234

Ma vie de héros

SAMSAM

SamSam est malade

Texte de Gwénaëlle Boulet
Illustrations de Serge Bloch
et Astrid Scaramus

bayard jeunesse

Ce matin, je ne me sens pas bien.
À l'école, Marie-Agnès la maîtresse
nous fait une leçon de voltige.
Fastoche pour un héros cosmique comme moi !
Sauf qu'aujourd'hui je suis tout flagada.
J'ai mal aux bras, aux jambes et même au cou.
Et soudain… Oh non ! Je vomis partout.
– Pouah ! crie Petit Poâ.
Le vomi, c'est vraiment pas joli joli !
– Eh bien, SamSam, dit la maîtresse,
je crois que tu ferais mieux
d'aller à l'infirmerie !

Isabelle, la gentille infirmière, appelle mes parents.
Au bout du téléphone intergalactique,
SamPapa et SamMaman sont très inquiets :
– Pauvre SamSam ! Rien de grave ?
Mais tous les deux ont beaucoup de travail :
pas facile de décider qui va venir me chercher !
Comme la dernière fois SamPapa m'avait gardé,
cette fois, c'est au tour de SamMaman.

SamMaman est tout affolée :
– Mon SamSam ! Te voilà tout raplapla !
Ça va aller ? Je vais te porter...
SamMaman me porte jusqu'à la soucoupe,
puis nous rentrons à la maison.
Une fois arrivés, elle me pose
tout doucement dans mon lit.
SamNounours est drôlement étonné :
lui qui ne pensait pas me revoir
avant la fin de la journée !

Peu de temps après, SamMaman entre
dans ma chambre avec le docteur Gébobola.
C'est un docteur très gentil,
sauf quand il fait des piqûres, bien sûr.
Le docteur sort de sa mallette
tout plein d'appareils puis me demande :
– Et là, ça te chatouille ou ça te gratouille ?
SamMaman n'arrête pas de demander :
– Alors, docteur… c'est grave ?
Mais après m'avoir examiné, il sourit :
– Rien de grave, SamSam !
Tu as juste attrapé une bonne gripouille !
Trois jours au lit et tout sera fini !

Le docteur parti, SamMaman s'assied sur mon lit :
– Tu veux quelque chose mon Samounet ?
Un verre d'eau ? Un gant frais ?
Moi, j'ai mal partout.
Mon ventre fait d'énormes gargouillis
et ma tête est aussi chaude
qu'une casserole bouillante.
– Ne t'inquiète pas, mon petit ange cosmique,
murmure SamMaman,
je vais aller acheter tes médicaments.

29:05

Eh oui ! La mauvaise nouvelle,
c'est que, pour chasser les méchants microbes,
il va falloir avaler sirops et médicaments.
Et les médicaments, c'est DÉGOÛTANT !
Petit héros ou pas, croyez-moi,
il en faut du courage pour avaler ça !
Un… deux… trois ! POUARK !
En revanche, la bonne nouvelle, c'est que,
cet après-midi, c'est Mamouille qui me garde !

Après m'avoir couvert de baisers,
elle dit à SamMaman :
– Ne t'inquiète pas. Ton SamSam,
je vais le dorloter, le chouchouter,
le cajoler, le bichonner !
Je vais lui faire de la purée
et du bon jambon mouliné !
Et puis, on va bien s'amuser !
SamMaman n'est pas très rassurée :
– Oui, enfin, il doit surtout se REPOSER !

Mamouille est la meilleure des mamies
de toute la galaxie.
Après que je me suis bien reposé, elle me dit :
– Si on s'installait tous les deux dans le canapé,
pour regarder un épisode de Mégalo rigolo,
ton héros préféré ?
En voilà une sacrée bonne idée !
Ensuite, Mamouille me raconte des histoires
qui font rire, rêver et même pleurer !
Comme je suis très fatigué,
je m'endors à certains moments,
mais ça n'empêche pas Mamouille de continuer !

S

À la fin de la journée,
on finit par une partie de chat volant.
Du coup, quand SamMaman et SamPapa
rentrent à la maison, ils disent :
– Eh bien, on dirait que ça va mieux !
Voilà un petit héros cosmique presque prêt
à retourner à l'école demain matin !

Mais soudain, je ne me sens
à nouveau pas bien du tout.
Je fais un gros câlin à SamPapa
et SamMaman en murmurant :
– Vous savez, je connais bien ce petit héros.
Et je crois plutôt qu'il a encore besoin…
d'un peu de repos !

FIN

SI, TOI AUSSI TU TOMBES MALADE :

★ Reste bien au chaud chez toi et, quand tu ne dors pas, fais des activités calmes pour reprendre des forces.

★ Sois courageux pour prendre tes médicaments.
Même s'ils ne sont pas bons, ce sont eux
qui t'aideront à guérir !

★ Et pour éviter de tomber malade,
pense à t'habiller chaudement et à te laver
les mains souvent !

LES AVENTURES DE SAMSAM, LE PLUS PETIT DES GRANDS HÉROS !

Ma vie de héros

(dès 3 ans)

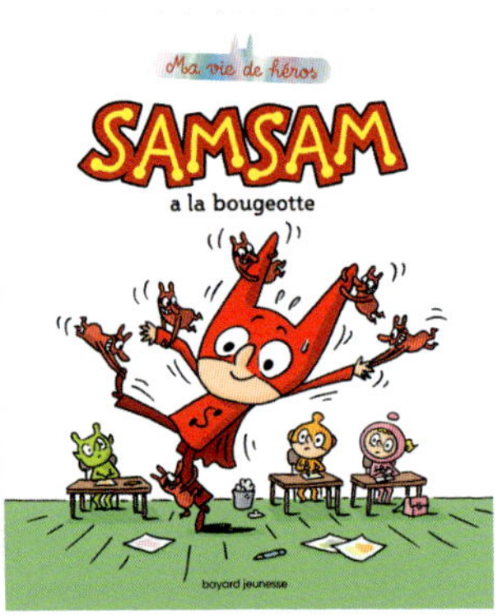

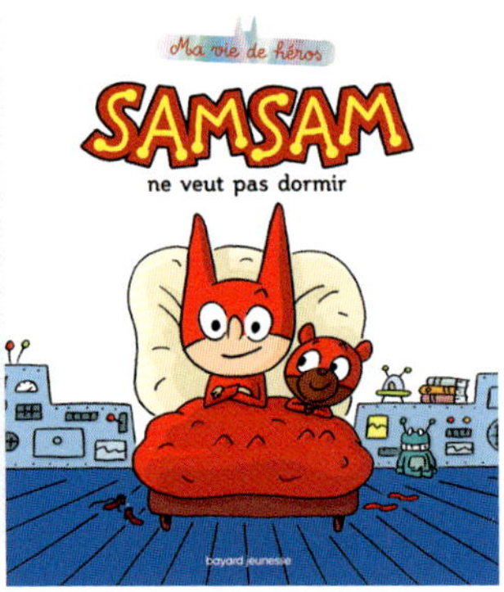

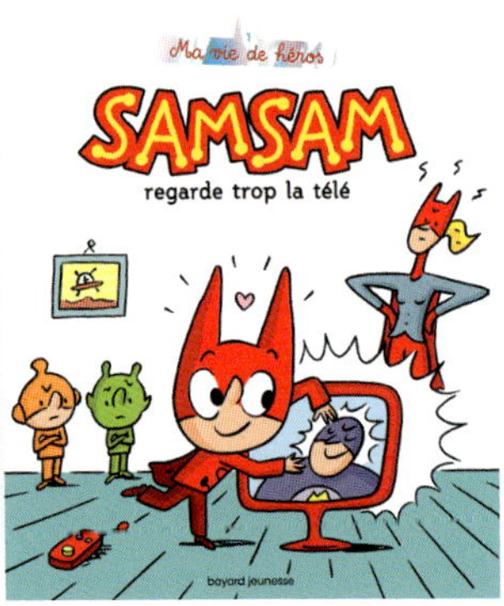

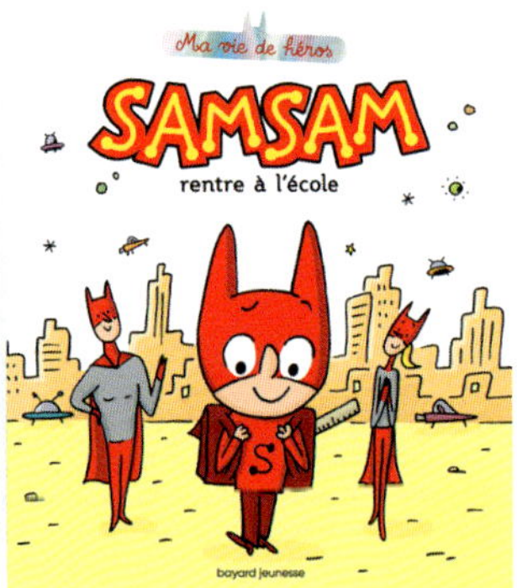

mini BD KIDS

(dès 4 ans)

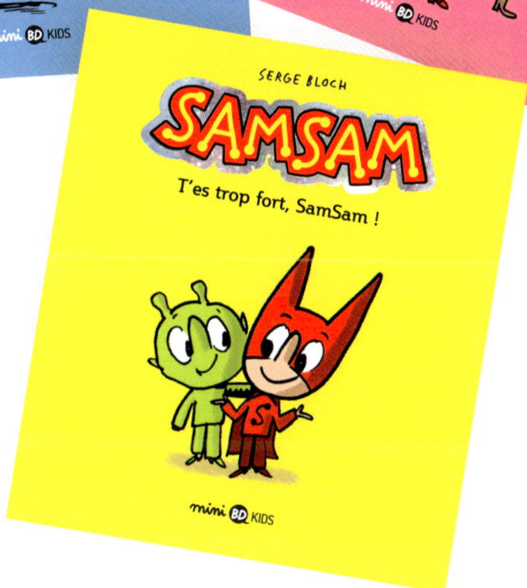